TRASCENDER, ES MI LEGADO

SERGIO GUSTAVO PINTOS

2018

INDICE

RECONOCIMIENTOS

Poder reconocer y agradecer a todas las personas que lo han inspirado a uno durante su vida, y especialmente intentar describirlo en un libro es una tarea bastante difícil, sobre todas las cosas porque aunque las enseñanzas quedan grabadas como a fuego, nadie quiere cometer la torpeza de olvidarse de los nombres propios de las personas que le han regalado tal o cual enseñanza tan valiosa.

En primer lugar a mis padres, Zulema y Jose, que me han dado la posibilidad de acceder a una buena educación, junto a mi tia Juany que ha sido siempre una segunda madre en el mas estricto sentido de la palabra, y es a su vez quien mas orgullosa debe de estar con este libro, eso lo puedo asegurar.

A mitad de los reconocimientos y agradecimientos a la persona que mas ha influido en mi vida, y estoy seguro de que lo seguirá haciendo, porque a pesar de que aproximadamente 26 de mis 38 años de edad hemos estado separados por medio mundo de distancia (física), pero la conexión psíquica y espiritual nunca se ha podido cortar, esta conexión nos mantuvo cercanos todo el tiempo.

El ha sido para mi un ejemplo a imitar desde que tengo uso de la razón, de esas personas que te ensenan mas con su conducta y su forma de vivir la vida que por lo que te pueda decir, y eso que tiene cosas mas que interesantes para decir.

Por todo esto que la gran inspiración de superación personal que he podido tener en mi vida hasta el momento la he recibido de parte de mi hermano Eduardo.

Y, para el final, a mi hijo Máximo, quien ha sido la gran inspiración para escribir este libro, que incluso antes de plasmarse en estas páginas ha sido un disparador de pensamientos positivos muy poderosos, un verdadero proceso de aprendizaje y enseñanzas inspiradoras para mi vida.

A mi esposa Mónica, que es la mejor mama que mi hijo podría tener!

INTRODUCCION

Recientemente nació mi hijo, Máximo, él ha sido una gran bendición en la vida de mi esposa y la mía. Personalmente, como le sucede a la mayoría de los padres, él me ha cambiado la perspectiva en cuanto a los deseos, sueños, proyectos, todos estos siguen estando, no han cambiado para nada, sigo aferrado a mis sueños y no los soltaré hasta que se hayan convertido en una realidad. Pero lo que si cambió en mí fue el fin último de mi motivación, desde que mi hijo nació sigo anhelando concretar los mismos sueños, pero ya no para mí sino para él.

Todo esto me ha llevado a meditar mucho acerca de cuál sería la mejor herencia para dejarle a mi hijo. Me he preguntado mucho acerca de que cosas le serian mas utiles a lo largo de su vida para desarrollar en plenitud sus capacidades y potencialidades.

Se me paso inmediatamente por la mente las cosas más comunes que pensaría cualquier padre preocupado ante la misma duda que se me planteaba a mí, en referencia a la mejor herencia que se le puede dejar a un hijo. Fueron éstas las primeras que descarté, por supuesto; dinero, una buena educación, propiedades. Las descarte inmediatamente!

Poco después, se me ocurrió que podían ser los valores de un hombre de bien, para que fuera una buena persona y que todo el mundo lo respetara, pero al poco tiempo también lo descarté, no porque los considerara poco importantes. Sino porque en realidad, los valores de persona de bien, honradez, respeto, son una obligación para mí como padre inculcárselos, no me puedo sentir orgulloso de dejarle a mi hijo una herencia que es natural en nuestra familia, simplemente se fueron pasando de generación en generación casi sin ningún esfuerzo, simplemente por imitación de la conducta de mi padre yo aprendí esos valores.

Es aquí donde volvemos a las primeras alternativas que nombre, y les voy a explicar por qué las descarté inmediatamente.

Fue porque la mejor educación o la riqueza sin un fundamento que los sustente no lo hará triunfar en la vida, para convertirse en un hombre triunfador va a necesitar mucho más que eso, y es ahí justamente donde se explica el porqué de mi búsqueda de la mejor herencia para dejar a mi hijo.

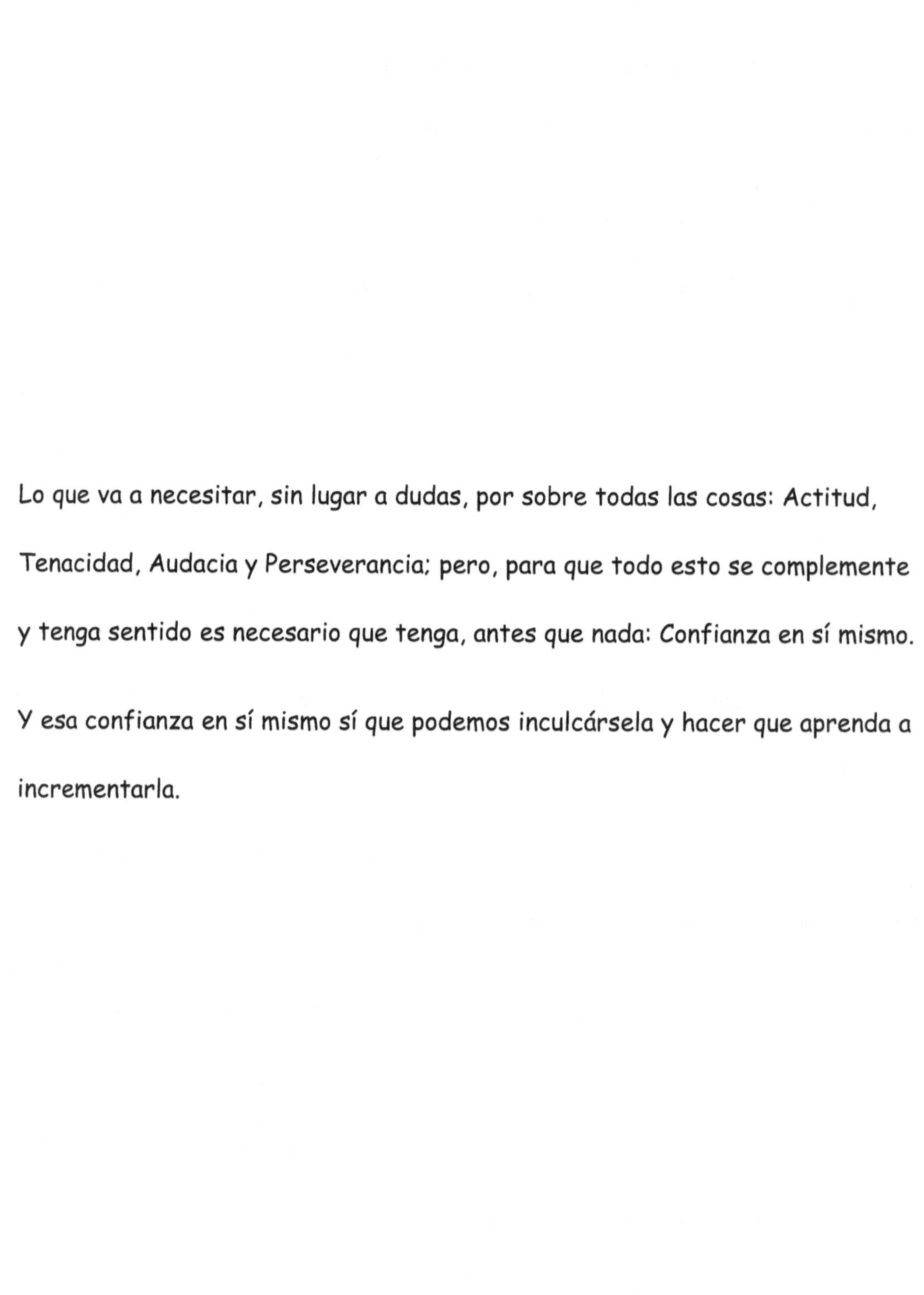

Lo que va a necesitar, sin lugar a dudas, por sobre todas las cosas: Actitud, Tenacidad, Audacia y Perseverancia; pero, para que todo esto se complemente y tenga sentido es necesario que tenga, antes que nada: Confianza en sí mismo.

Y esa confianza en sí mismo sí que podemos inculcársela y hacer que aprenda a incrementarla.

Capitulo 1

INCREMENTANDO LA PROPIA CONFIANZA

"Somos lo que hacemos repetidamente. La excelencia entonces, no es un acto, sino un hábito.

Aristóteles.

Lo más importante para cualquier persona que pretenda ser exitosa y triunfar en la vida es; tener confianza en sí mismo, poder confiar en que todo lo que uno emprenda lo va a hacer bien, que está totalmente preparado para enfrentar todo lo que sea en la vida, por muy difícil que parezca en un principio. Recuerde que todo lo que en un principio parezca difícil, o incluso muy difícil, mediante la práctica, mediante el entrenamiento correcto y el transcurso del tiempo se hará en principio posible, y poniendo en práctica el arte de la perseverancia, se ira tornando en algo muy fácil. Es decir que cuando sentimos que algo nos resulte difícil la clave para abordar el problema es enfrentarlo, cuando lo enfrentamos y nos hacemos el hábito de perder el miedo de hacerle frente a lo que tememos, éste se reducirá a su mínima expresión, luego, a medida que nos seguimos animando y perseverando, tomamos la confianza necesaria de saber que como ya lo hemos hecho muchas veces, actuamos de una forma automática ante aquello que nos incomoda, de esa forma comenzaremos a controlar el miedo y a usarlo a nuestro favor. Recuerde que no es necesario eliminar el miedo para poder actuar. Simplemente, con el solo hecho de controlar el miedo a salir de nuestra "área de comodidad", una vez que la dejamos atrás en pos de ir por aquello que nos resulta incómodo pero tremendamente conveniente.

Los perdedores siempre dicen que algo es "imposible", solamente porque ellos no saben o no se creen capaces de conseguirlo.

Todo el tiempo estamos viendo como personas en apariencia similares a aquellas otras para las cuáles "todo" es imposible, esas otras sí lo consiguen y lo convierten "todo" en POSIBLE.

Al segundo tipo de personas las llamamos GANADORES, por el simple hecho de que no se sienten limitadas por aquello que detiene a los que no se animan a saltar los obstáculos, a cruzar las barreras sin temer lo que pasará porque la "mayoría" les dice que no lo hagan ya que tal o cuál cosa es im-POSIBLE. (Lo escribo de esta manera ya que mi estructura mental no contempla esa otra palabra).

No conozco una sola persona que no quiera tener éxito en la vida, no importa cuál sea su actividad o profesión, todos quieren obtener muy buenos resultados y ganar más de lo que gana actualmente.

Tenemos grandes condicionamientos mentales que no nos permiten lograrlo, si enviamos mandatos contradictorios a nuestra mente lógicamente que nunca llegaremos a obtener grandes cosas.

 Hay muchísima gente que desea tener más en su vida pero a su vez siente "culpa" o pena por estar deseando algo más. El problema está en que tenemos una mala valoración de las cosas, es decir que, valoramos muchas de las cosas que deseamos como si fueran negativas, entonces, vean ustedes que si deseamos tener dinero para vivir una vida placentera y hacer que a nuestros hijos no les falte nada, inmediatamente se les viene a la mente varios condicionamientos mentales que les dicen que: O bien ellos no son capaces, que no se lo merecen, o peor aún, que sí son capaces y se lo merecen pero con tanto hambre y pobreza en el mundo no "deberían" desear tener tanto.

Se contentan pensando que ellos no son ricos ya que asocian la riqueza y el bienestar con algo negativo, y es así como se engañan auto-complaciéndose y sintiendo el falso orgullo de que ellos no son ricos porque no son lo suficientemente malas personas para llegar a ser ricas, ellos prefieren ser pobres o pasar necesidades pero ser "buenas" personas.

No nos engañemos, se puede tener todo lo que queremos, todo lo que siempre soñamos sin perder nuestros principios, sin perder nuestros valores, ni siquiera cambiarlos. Porque pensar que no se puede ser rico y feliz?

Porque pensar que no se puede ser rico y buena persona?

Todo eso va a depender de nosotros, de lo que estamos poniendo en nuestra mente, en nuestros pensamientos.

Siento mucha pena de ver gente que desea tener mucho dinero, pero que no tiene ni una sola idea acerca de qué tipo de persona debe ser para llegar a tenerlo, es decir, una persona que logra todo lo que quiere en la vida no lo logra por mera casualidad, sino que lo consigue debido a un cúmulo de costumbres y hábitos desarrollados a través de los años, que llevarán a esa persona inevitablemente a conseguir todo lo que se propone en la vida.

Aclaremos que cuando decimos que, una persona consigue "todo" lo que se propone en la vida, no significa que esa persona consigue cualquier cosa que se proponga en la vida en su primer intento, por supuesto que no. Justamente las personas que están más convencidas de sus propias capacidades son las que siguen intentando tenazmente a pesar de los fracasos momentáneos. Esa es la parte más difícil para cualquiera, ya es muy duro lidiar con sus propios fantasmas que le dicen que desista en sus intentos ya que sería una pérdida de tiempo. Además de sus propios "demonios" internos, esta persona deberá lidiar con las opiniones de su propia familia, amigos, sociedad en su conjunto que le indicarán que es una verdadera locura seguir con sus malogrados intentos.

La perseverancia, como lo desarrollaremos más adelante en otros capítulos, es el más importante de los hábitos a tener en cuenta a la hora de triunfar.

Si llegáramos a reconocer que no tenemos ni una sola pizca de perseverancia en nuestros hábitos, ya mismo es hora de comenzar a desarrollarla, sin perder un sólo minuto más. Sin embargo, si reconocemos que tenemos algo de perseverancia, de todos modos en buena hora será incrementarla y de esta forma asegurarnos de no abandonar los proyectos cuando estamos a unos pocos pasos de lograrlos.

Y, finalmente, si nos consideramos personas muy perseverantes, nunca está de más seguir incrementando y desarrollando ese músculo tan importante llamado perseverancia, al fin y al cabo, si se trata de nuestro éxito, qué tiene de malo con intentar unas cuantas veces más algo que de todas formas estamos completamente seguros de que se dará, solamente es cuestión de tiempo; todo, absolutamente todo es cuestión de tiempo y nada más!.

Capitulo 2

PENSAR EL ÉXITO, PARA LUEGO VIVIRLO

"Si no conoces a los demás ni a ti mismo, correrás peligro en cada batalla; si te conoces a ti mismo pero no a los demás, ganarás una batalla y perderás otra, pero si te conoces a ti mismo y conoces a los demás, ni en 100 batallas correrás peligro."

Sun Tzu.

 Han observado alguna vez a la gente exitosa? El comportamiento de la gente rica?

Cuando vean a alguien muy motivado con su trabajo, sin lugar a dudas esa persona está trabajando para construir su propio éxito, la clave para hacer las cosas eficientemente es la motivación, solamente si estamos motivados podemos sentir pasión por lo que hacemos y si sentimos pasión por lo que hacemos lo podremos disfrutar. Ese mismo estado emocional pleno es el motor que hace que trabajemos de una manera altamente eficaz reduciendo el esfuerzo y maximizando los resultados.

No esperemos llegar a ese Estado Emocional Pleno (E.E.P.) de la nada, debemos trabajar para ello, prepararnos para revertir lo que, para muchas personas es una tendencia natural al pesimismo, la negatividad y el malestar; eso si queremos evitar caer en los resultados de la gente perdedora, nada más tendremos que evitar ese tipo de gente y también sus hábitos nocivos.

Reconocer nuestras fortalezas y debilidades nos ayuda a planificar nuestros pasos a seguir y a disfrutar de los logros una vez que los hayamos conseguido.

Sin duda todos tenemos fortalezas y también tenemos debilidades, la clave está en reconocerlas para poder maximizar las primeras y minimizar las segundas; a lo largo de nuestras vidas tenemos momentos altos y puntos en los que nuestro rendimiento pasa por un periodo más bajo que lo normal. Lo que debemos aprovechar son esos puntos fuertes, que son los momentos de fortaleza en los cuales tendremos mayor energía para enfrentar todo lo que necesitemos hacer y, todo lo que hagamos lo haremos más entusiasmados, con una mayor predisposición hacia el éxito, de esta manera tendremos la sensación de que todo lo que hacemos nos sale bien, ya que el éxito es una cadena de momentos en los cuales nuestra fe en nosotros mismos se acrecienta hasta estar completamente convencidos de que solo podemos vencer, a esto es lo que yo llamo Estado Emocional Pleno (E.E.P.).

Estar motivados es la clave para lograr todo lo que queremos lograr en la vida, lograr ese momento en el cual tenemos la profunda convicción de "poder" no es nada sencillo, pero si sucede en nuestra mente sucede en la vida real. Y es precisamente allí, en nuestra mente, donde se tiene que dar el cambio más profundo, porque una vez que el cambio se produjo en nuestra manera de pensar el siguiente paso se dará automáticamente y sin ningún esfuerzo.

Que pasa si no logramos estar a un 100 % de optimismo en un momento en que mas lo necesitamos, ya sea que tenemos una cita muy importante de negocios, atender un asunto crucial en nuestras carreras o simplemente mirar a los ojos a nuestros hijos y darles un buen consejo; por supuesto que no podemos enfrentar ninguna de estas situaciones con un bajo nivel de optimismo y energía ya que cualquier cosa que hagamos estaría condicionada por ese bajo nivel, lo transmitimos y por resultado obtendríamos un resultado también bajo, que es justamente lo que no deseamos.

Para afrontar estas situaciones y salir triunfantes debemos estimular nuestro sentido del optimismo, esto nos dará mayor confianza en nosotros mismos y de esa manera esperar solamente lo bueno como resultado de nuestro accionar.

Una vez que obtuvimos ese resultado positivo, tal como esperábamos, simplemente tenemos que evocarlo y traerlo hasta nuestra mente consciente una y otra vez para volver a obtener resultados positivos cada vez que necesitemos afrontar cualquier tipo de situaciones.

Capitulo 3

LA IMPORTANCIA DE MANTENERNOS OPTIMISTAS

"Incluso la noche más oscura terminará y saldrá el sol".

Víctor Hugo.

Mantenernos optimistas es la clave para afrontar el futuro, nos da la fortaleza

necesaria para saber que lo que vendrá tendrá un resultado exitoso y, el hecho

de estar seguros de eso nos hará sentir ganadores desde el mismo momento de

llevar a cabo cualquier acción.

Una vez que logremos hacer ese "click" en nuestra mente nunca más lo

perderemos, habremos logrado dar el primer paso para convertirnos en seres

exitosos y dejar atrás todo tipo de dudas acerca de nuestro porvenir.

Convertirnos en personas optimistas, con una inquebrantable fe en nosotros

mismos es indispensable para crear un comportamiento ganador, y ese

comportamiento ganador se logra con pensamientos positivos, que a su vez crean hábitos que terminarán siendo conductas positivas y ganadoras. Por lo tanto comenzamos con un pensamiento, luego llenamos nuestra mente con estos y dejamos que se transformen en una conducta y luego en un modo de vida; de esta manera cada vez que debamos actuar, nuestro modo positivo de conducta se presentará automáticamente.

Así como dijimos que debemos cambiar nuestro modo de pensar y así también nuestra conducta, debemos cambiar nuestro entorno si queremos que nuestra vida cambie, cuando decimos cambiar nuestro entorno, nos referimos a que, debemos pensar todo el tiempo y actuar, es decir, vernos como personas exitosas, como aquellos en quienes nos queremos convertir; si nuestra mente comienza a creer que somos exitosos y ganadores hará todo lo posible para convertir nuestra conducta cotidiana en la de alguien muy seguro de sí mismo y muy seguro de su espléndido porvenir.

La mente humana es una maquinaria muy compleja y asombrosa, de la cual todavía no conocemos su potencial en un 100 %, con esto quiero decir que si de verdad queremos cambiar nuestro modo de vida realmente lo podemos lograr con sólo proponérnoslo.

Existen innumerables casos a lo largo de la historia que nos demuestran que esto es posible, toda la gente que logró grandes cosas en la vida, todos ellos tuvieron un objetivo preciso, nada se da por casualidad; los grandes logros de la gente más importante se da por una mezcla de audacia, actitud y acción, sin importar cuantas veces intenten lograr algo, lo importante es perseverar, no dejarse vencer jamás, si de verdad estamos convencidos y creemos en nosotros mismos nada nos detendrá hasta lograr lo que queremos.

Aquello que tenemos visualizado como nuestro objetivo principal lo lograremos indefectiblemente, si tenemos estas tres palabritas internalizadas en nuestra mente: ACTITUD, AUDACIA Y ACCIÓN

A = ACTITUD

A = AUDACIA

A = ACCIÓN

Estos tres conceptos, que parecen tener un orden preestablecido, en realidad se retroalimentan el uno con el otro, convirtiéndose en un ciclo, o para decirlo de un modo mas sencillo: Un circulo virtuoso. Es decir que, comenzamos con la Actitud que nos da nuestro carácter para visualizar lo que queremos obtener, luego se pone en juego la Audacia para llevar a cabo la Acción, que es ese vehículo que necesitamos para llegar al resultado propuesto.

Sin importar las pequeñas derrotas que podamos sufrir de camino hacia nuestro éxito definitivo.

Como ya sabemos cuál será el resultado final, nos sentiremos más seguros en el camino y los eventuales sinsabores no nos afectaran tanto.

Todo depende de nuestro punto de vista, de nuestra perspectiva, de cómo tomemos cada uno de nuestros actos, en definitiva, podemos ver cada hecho en nuestras vidas como un punto aislado uno del otro, o como una cadena de hechos causales que nos lleva el uno al otro en una relación de causa y efecto constante. De esta manera podremos entender las derrotas momentáneas que se dan en nuestras vidas como la CAUSA por la cuál determinados hechos o acontecimientos se producen gracias a otros hechos, y no como un FIN al que llegamos y el cuál será muy difícil de revertir. De esta manera tendremos siempre una nueva motivación por la cuál seguir adelante y nuestras chances de éxito serán mucho más altas.

Hemos mencionado antes tres palabras clave; ACTITUD, AUDACIA Y ACCIÓN; si estamos preparados para aplicarlas en nuestra vida diaria estaremos listos para obtener grandes logros e integrar ese pequeñísimo porcentaje de la población mundial que maneja y controla, no solamente sus propias vidas, sino que también adquiere tanta confianza en sí mismos y tanto poder que además controla las vidas y sucesos de aquellos que no se atreven a tomar el "toro por las astas" y decidir su propio destino.

Está probado que la gente que no tiene un objetivo, un plan en la vida, termina siendo parte de un gran plan, pero ese gran plan les aseguro que es el plan de alguien más.

Una vez que hayamos determinado nuestro plan, que tenemos muy claro nuestro objetivo, el segundo paso es, tener la AUDACIA para llevarlo a cabo, la ACTITUD de seguir adelante a pesar de las dudas y las críticas, y por último, la ACCIÓN que nos da la convicción de saber que lo que estamos haciendo es lo más importante en nuestras vidas, que no existe un plan B, no hay

alternativa, porque agregando todos estos ingredientes a nuestra personalidad

no hay manera de que no logremos el éxito tarde o temprano porque no habrá

obstáculos lo suficientemente grandes como para derribarnos, estamos tan

seguros de nosotros mismos que en nuestra mente no visualizamos otra cosa

que la meta, y esa meta es, ni más ni menos que nuestra realización personal,

profesional, económica, financiera o espiritual.

Ponemos mucho énfasis en la última etapa, la etapa de la ACCIÓN. Es tan

importante este punto ya que no alcanza solamente con pensar, ni siquiera es

suficiente ya con pensar bien, hace falta absolutamente en el 100 % de los

casos llevar nuestros planes a cabo, realizarlos o si prefieren "materializarlos",

transformarlos del plano abstracto de nuestro pensamiento al plano concreto

de la acción en la vida real.

Ejemplos concretos de esto que les digo son los siguientes:

Existen muchas personas que teniendo muy buenas ideas no logran tener éxito

en las cosas que emprenden, solo por el hecho de que no accionan los

mecanismos necesarios, una brillante idea que solo nosotros conocemos no nos

servirá de nada si nadie más la conoce, si no nos ponemos en contacto con las personas adecuadas que pueden hacer nuestros sueños realidad. Recordemos que la más brillante de las ideas no es precisamente la más compleja, ni siquiera la más sencilla sino aquella que es llevada a cabo, y perfectamente aplicable, por muy simple que parezca.

El punto de partida para nuestro éxito es ponernos en acción, intentemos siempre llevar adelante nuestras ideas, una idea que se queda en nuestra mente no es muy valiosa; incluso si vemos que a alguien más se le ocurrió y lo llevó a cabo, acaso me servirá de algo el falso orgullo de decir: "Ok, a mi abuelo se le ocurrió antes una bebida mejor que Coca Cola....y no solo eso...además inventó una máquina muy parecida a la computadora..." No suena eso ridículo?

Mencionamos antes que la preparación para una mentalidad ganadora lleva tiempo, energía y mucha dedicación; es por eso que la única manera de ejercitarnos en ello es llevando a cabo nuestras ideas, poniéndolas en práctica, plasmándolas, del papel a la vida real, sin dudarlo, estando absolutamente convencidos de lo que queremos y de nuestras potencialidades para lograrlo.

Cuando logramos tener esa sensación, tal como si ya lo hubiéramos logrado, podemos actuar con la confianza necesaria para convertirnos en esa persona con una inquebrantable fe en sí mismo. De esa manera nuestra mente y espíritu estarán enfocados en conseguir aquello que nos hemos propuesto, ya que no será algo nuevo para nosotros, el éxito ya ocurrió en nuestra mente, y si ocurrió en nuestra mente, el camino estará allanado para verlo al fin materializado en nuestra vida también.

Por supuesto que esto no se trata de control mental, ni mucho menos se trata de magia, es tan simple como programar una compleja máquina siguiendo las instrucciones de un manual, que paso a paso nos llevará a lograr nuestros propósitos.

Desde otro punto de vista, lo que hacemos es controlar nuestros pensamientos, no forzarlos, para que estos nos ayuden a tener comportamientos más adecuados a los logros que deseamos concretar.

Desde yá que prepararnos para el éxito no es tarea fácil, este no nos llegará de casualidad, nadie triunfa porque sí, todos hacemos miles de pequeños esfuerzos que nos llevan a adquirir experiencia y confianza en nosotros mismos. Es muy fácil notar como a las personas de éxito parece "llegarles" todo muy fácil, pero eso es en apariencia, para llegar a ese punto en que una persona se convierte en una especie de imán humano para las oportunidades, los negocios, las inversiones, requiere mucho esfuerzo y sacrificio para el cuál debemos estar dispuestos a dar el 100 % de nuestra voluntad, perseverancia y actitud positiva.

Pero recordemos nuevamente como llegamos a adquirir y desarrollar esa confianza en nosotros mismos, si quizas no la tengamos; y si la tenemos probablemente sea muy escasa para convertirnos en esos lideres a quienes todo el mundo admira y desea imitar. Solo hay una manera de construirla, y esta es paso a paso, nadie se convierte en un exito rotundo de la noche a la mañana, los resultados pueden llegar relativamente rápido pero convertirse en una persona de éxito lleva más tiempo y preparación.

El éxito llegara como resultado final de una serie de conductas y hábitos que tendremos que adquirir y desarrollar a lo largo de nuestras vidas; de ninguna manera llegará el éxito a nuestras vidas como resultado de la "suerte", ni de la casualidad, mucho menos como resultado del azar.

De esta forma ya sabemos en qué no depositar nuestras energías si de verdad nos estamos tomando en serio el asunto de nuestro éxito personal.

Si Usted es una de esas personas que contaba como estrategia alguna de esos tres puntos que acabamos de mencionar, sepa desde ya que necesita urgentemente una re-programación mental a fondo.

Es así que esas tres palabras deberemos eliminar de nuestro vocabulario:

SUERTE, CASUALIDAD Y AZAR.

No se trata de disminuir nuestro vocabulario, por supuesto que no, simplemente de reemplazar las palabras con un contenido altamente perjudicial para nuestra vida y acostumbrarnos a usar sinónimos de las mismas, pero que signifiquen un fuerte estímulo a nuestra personalidad, como por ejemplo:

En lugar de...(tuve suerte)....diremos: "estaba muy bien preparado para ese momento".

En lugar de ...(fue por casualidad)...diremos: "Fue causa de mi esfuerzo". (Causalismo)

En lugar de...(por azar)...diremos: "Estuve en el lugar indicado en el momento indicado, porque yo lo busqué".

Capitulo 4

RE-PROGRAMACION MENTAL

"Debes ser el cambio que quieras ver en el mundo."

Mahatma Ghandi.

Si de perseguir sus sueños se trata, y usted está dispuesto a alcanzarlos cueste lo que cueste, tenga en cuenta que tiene que estar dispuesto a cambiar cientos o tal vez miles de hábitos que ahora son altamente contraproducentes para su conducta.

Cuando se trata de cambiar hábitos, no tema ser extremista, ya que los cambios se producen así, de una manera radical y definitiva o no se producirán jamás.

Aclaración: Con lo anterior me refiero a que la decisión de cambiar debe ser AHORA mismo, más allá de que los resultados del cambio demoren en llegar;

jamás debemos postergar la decisión para otro momento, solamente estaríamos postergando nuestro éxito y nuestro desarrollo personal.

Recuerde que la forma que tendrá nuestro futuro será la consecuencia directa de la conducta que llevemos, que es a su vez el resultado de nuestros hábitos, los cuales se condicen con nuestros pensamientos, es decir que si cambiamos nuestros pensamientos cambiaremos nuestro futuro, nuestro estilo de vida por completo.

No se engañe a si mismo pensando que para cambiar un mal hábito se necesita mucho tiempo, como si necesitara ir "acostumbrándose" al cambio, al nuevo habito.

Cuanto mas tiempo se tome para realizar el cambio, este opondrá mayor resistencia y se aferrara a usted. Por lo general, en la mayoria de los casos este tipo de gente termina "encariñandose" con sus hábitos, produciéndose una relación de amor-odio con los mismos, que lleva indudablemente a sentimientos de fracaso y frustración.

Si estamos hablando de que son habitos que usted necesita revertirlos urgentemente para dejar de lado las conductas de fracaso, y por lo tanto, los resultados de fracaso; justamente si lo que queremos es obtener resultados de éxito, para qué querriamos cambiar de a poco?

Si ya sabemos que es lo que debemos cambiar, cambiémoslo ahora, sin dudarlo, yá mismo!

En primer lugar, no podremos llegar a ningun lado sin un mapa que nos indique el camino a seguir. Jamás lograremos alcanzar el exito solamente con la intención de hacerlo, o aún teniendo un deseo intenso de triunfo, pero si no tenemos una idea bien definida de cómo lo lograremos, éste nos será esquivo.

 Den por seguro que el exito y los logros que siempre soñaron llegarán como resultado de las acciones que emprenda hoy mismo.

Podemos saber muy bien donde queremos ir, adonde queremos llegar pero si no tenemos definido o no sabemos mediante que vehiculo o con la ayuda de que instrumento llegar allí, será como saber hacia donde queremos viajar pero no tenemos idea si eso queda hacia el Norte, Sur, Este o el Oeste.

Luego de tener definido nuestro mapa mental, es decir, tener bien en claro en nuestra mente la forma en que lograremos los resultados soñados; es aquí donde viene la parte más importante y crucial de los pasos.

Debemos lograr convertirnos en un misil teledirigido hacia el éxito; analicemos el comportamiento de esos misiles denominados "inteligentes" que se utilizan desde la guerra de Irak: no son lanzados para arrasar con todo a su paso, sino que son lanzados con el unico fin de dar en el blanco y cumplir su misión.

Bien, lo mismo tenemos que conseguir hacer nosotros, debemos enfocarnos en nuestros sueños y perseguirlos hasta que los alcancemos, obviamente que en el camino nos encontraremos con obstáculos, pero tenemos que ser inteligentes para esquivarlos y guardar toda nuestra energia y poder de fuego para cuando estemos cerca de nuestro objetivo.

Saber elegir qué circunstancias y personas podemos aprovechar de camino a cumplir nuestras metas es todo un arte; muchas veces nos vemos envueltos en proyectos o involucrados con personas que simplemente se nos cruzaron en nuestras vidas pero que no son las que nos llevaran hacia el éxito, al contrario, solamente lo que hacen es desviarnos y hacernos perder el rumbo. Es por eso que tenemos que ser muy inteligentes en elegir como y con quien embarcarnos en los proyectos a lo largo de nuestra vida.

El primer tipo de gente que tenemos que evitar son las personas negativas, las personas negativas hacen que tus sueños se estrellen contra el piso y se hagan añicos!

Las personas negativas no se atreven a soñar ya que ni siquiera creen en ellos mismos, mucho menos creeran en tus sueños y, el unico y mayor defensor de tus tueños tenes que ser vos mismo, tu sueño comienza y se hace realidad con vos, con tu fé, no hace falta convencer a nadie mas para que tu sueño se convierta en una gran realidad. Solo vos debes estar convencido en un 100 %!

Cuando logras que eso suceda, te daras cuenta cómo rapidamente se contagia tu optimismo y autoconfianza a todas las personas que te rodean.

Volviendo a la figura del misil tele-dirigido, es muy importante que mantengamos vivo el fuego de la pasion por lo que hacemos, ese mismo fuego y calor que le infringimos a nuestra busqueda del éxito es el motor que impulsa a nuestra mente para acercarce cada vez mas hacia nuestra meta.

Capitulo 5

SI... EL EXITO SE CONTAGIA!

"La confianza en sí mismo es el primer paso para el éxito."

Anónimo.

Muchas veces nos quedamos maravillados con los logros ajenos, las cosas que son capaces de alcanzar personajes conocidos, y por extraño que nos parezca, todos somos capaces de lograr proezas similares con sólo proponérnoslas, en muy diversas actividades, ya sean logros deportivos, sociales, económicas, todos estamos dotados para ello.

Cuando vemos a grandes estrellas del cine, del deporte, la política o los negocios nos parece, a simple vista, que esos personajes fueron elegidos o predestinados a tener vidas de ensueño y fortuna, sucede que sólo los vemos cuando disfrutan de esa buena vida y su dichoso pasar; pero no estamos ahí a su lado para verlos cuán duro entrenan, cuánto se preparan, cuánto estudian, trabajan y se sacrifican en sus respectivas actividades para llegar a ostentar esa posición de privilegio en la sociedad.

A los perdedores les encanta pensar que si ellos no tienen nada, y los otros tienen mucho, es porque simplemente los otros tienen "suerte" y que el mundo está lleno de injusticias, se engañan pensando que si ellos también tuvieran suerte les iría de la misma manera en la vida; Déjenme ahorrarles excusas de esa índole, cualquiera puede tener suerte en algún momento de la vida, la suerte así como viene se va, he visto muchos perdedores con buena suerte, pero adivinen qué; esos perdedores "suertudos" jamás logran construir un éxito, incluso si se les presentara excelentes oportunidades frente a sus narices para cambiar sus vidas, aquellos que no están enfocados y preparados, no las podrían aprovechar y las desperdician.

Sin embargo, muchos ganadores en la vida, parecían tener todas las adversidades de su lado, y aún así, con mucha perseverancia y confianza en si mismos fueron construyendo su propia buena fortuna o la llamada "buena suerte".

Para convertirnos en los arquitectos de nuestro porvenir debemos conocer cuáles son los cimientos necesarios para construir el edificio del éxito y, si queremos que éstas sean lo suficientemente sólidos tenemos que comenzar con los planos; ningún buen arquitecto construiría un edificio sin los planos!

Nuestros planos comprenden; trazar el plan, fijar una meta, y llevarlos a cabo SIN VACILACIONES.

Hablemos ahora mismo un poco más acerca de estos tres pasos:

Trazar un plan: se dice que para un barco sin rumbo, todos los vientos dan en contra, pues entonces ubiquemos nuestro norte y nos daremos cuenta que siempre podemos aprovechar un viento a nuestro favor que nos deposite en la cima del éxito. Entonces no pierda su tiempo y antes de saber donde va, consígase un mapa.

Fijar una meta: Cuando hablamos de fijar una meta, nos referimos a que, una vez que tenemos trazado el plan acerca de qué es lo que vamos a hacer, debemos establecer el momento para el cual queremos conseguirlo, es decir fijar una fecha para cuando lo queremos; recordemos que un plan sin una fecha determinada para cumplirlo es simplemente un sueño que aún está muy lejano de concretarse. Es este el paso previo a la acción.

Ponernos en acción: Si bien todos los pasos son igual de importantes, si los seguimos al pie de la letra y en forma metódica, estos tres pasos se potencian y se van volviendo cada vez más importantes en nuestro camino al éxito.

Para ejemplificar esto, podemos decir que el éxito es como lograr subir una escalera, supongamos que la escalera tiene 10 peldaños; si *trazamos debidamente nuestro plan* habremos llegado al peldaño número 2, pero ese segundo peldaño se potenciará y si *fijamos nuestra meta* lograremos subir no solamente 2 peldaños mas, sino que habremos llegado al peldaño número 5, y si finalmente lo *ponemos en acción* ya habremos llegado al final de la escalera.

Para que se entienda aún mejor, podemos decir que cada pequeño paso exitoso, se potencia al siguiente nivel, ya que se irán sumando nuestra confianza, autoestima, deseos de seguir adelante, etc.

Ahora, convengamos que el paso más importante sigue siendo siempre el primero, tanto en una larguisima escalera el primer escalon es siempre el decisivo, si no nos animamos con el primero mucho menos nos animaremos con el resto, o peor aún, como llegaríamos siquiera a la mitad?

El primer paso es siempre el decisivo porque implica tomar la gran decisión de hacerlo, de llevar adelante la acción.

Muchas veces no sabemos muy bien siquiera a donde lleva esa escalera o camino, pero sin embargo la subimos, tomamos la decisión de emprender el viaje; la vida es así, cambiante.

Si nos pusiéramos a analizar hacia donde nos lleva tal o cuál camino, si nos conviene o no, perderíamos un tiempo crucial y determinante que haría que cuando nosotros nos decidiéramos otros ya hayan llegado a la cima.

Es así como funciona nuestro optimismo, es un potenciador de todas nuestras acciones, pero para que realmente funcione como un potenciador debe estar funcionando de manera óptima, debemos tener nuestro Sistema Inmunológico del optimismo funcionando al 100 %.

La confianza y la seguridad se transmite, lo demostramos con la cara, la transmitimos con nuestros comportamientos y gestos; y hasta en nuestra manera de hablar y tonalidad, es por eso que se torna tan importante sentirnos confiados y parecerlo, vernos seguros, con una autoestima altísima.

A todos nos gusta estar entre personas que nos hagan sentir bien, se produce una relación de retroalimentación, donde los demás aprenden de nosotros, y a su vez aprendemos de los demás, Lo cual es altamente gratificante.

Es como mirarnos al espejo, pero en lugar de mostrarnos la imagen de lo que somos o como nos vemos, nos muestra la imagen de la persona a la que nos queremos parecer; si queremos vernos exitosos es muy importante comenzar a sentirnos como tales, nuestra mente se comienza a acostumbrar a los pensamientos cada vez más positivos, comenzamos a darnos cuenta de que si esa persona logró tantas cosas nosotros también lo podemos hacer, y no solamente nos convencemos de nuestras propias capacidades de lograr el éxito sino que como la confianza se transmite, esas mismas personas a las cuales admiramos pronto notarán nuestro potencial y ellos mismos nos presentarán oportunidades similares a las que se les presentan a ellos.

Al rodearnos de personas a las cuales admiramos se produce una simbiosis única, de la cuál tenemos mucho por aprender.

Hagamos un ejercicio mental para saber cómo funciona este efecto "contagio" del éxito.

Si usted desea convertirse en un atleta comenzará a rodearse de personas saludables, que se ejerciten a diario y tendrá que olvidarse de sus viejos amigos holgazanes con costumbres ociosas!

Ahora bien, si lo que usted desea es convertirse en una persona de éxito, la primer cosa que tendrá que hacer es adquirir costumbres de éxito, aprendiendo cómo piensan, qué hacen, en qué se concentran, sólo de esta manera se dará cuenta como rápidamente irá cambiando su estilo de vida, comenzará a copiar actitudes y a manejarse financieramente de una forma totalmente distinta y verá que una vez que tome el camino correcto todo le parecerá mucho más sencillo, usted será el constructor de su propio éxito no dependiendo ni de la "buena fortuna", ni el "golpe de suerte" o la situación económica del país.

Ahora que está usted mucho más cerca de conseguir todo lo que se propone en la vida, de convertirse en esa persona exitosa que siempre ha soñado ser tiene que redoblar sus esfuerzos, no se duerma en los laureles, cuanto más cerca se está de la meta mayor es el esfuerzo que se debe realizar para no correr el riesgo de perder todo lo que se ha conseguido hasta el momento, recuerde siempre que la clave para asegurarse el triunfo es la persistencia del esfuerzo. Piense además que todo esfuerzo que realice en pos de lograr su propio éxito, es un esfuerzo bien dirigido, nunca es un derroche de energías, piense que todo esfuerzo es un paso más hacia la meta fijada, aunque muchas veces sean estos esfuerzos casi imperceptibles a los ojos de los demás, llegar a la cima demanda innumerables esfuerzos que casi nadie "percibe".

Por lo tanto no se decepcione si no ve gente a su alrededor que lo estén aplaudiendo a cada paso que da, por muy convencido de que usted esté.

No se preocupe si sus esfuerzos no están siendo recompensados momentáneamente, si usted está convencido de que lo que está haciendo está en el camino correcto no interesa lo que piensen los demás acerca de sus ideas, al fin y al cabo, todos los que antes pensaban que usted perdía el tiempo perseverando una y otra vez, cuando sus logros se hayan revelado pensarán que usted solo tuvo "suerte", es decir, solamente usted va a disfrutar sus logros y a valorar los esfuerzos realizados.

Capitulo 6

NUESTRO SISTEMA INMUNOLOGICO DEL OPTIMISMO

"Tengo mi propia versión del optimismo, sino puedo cruzar una puerta, cruzare otra o haré otra puerta. Algo maravilloso vendrá, no importa lo oscuro que esté el presente."

Rabindranath Tagore.

Para entender la importancia que tiene nuestro Sistema Inmunológico del Optimismo debemos ser conscientes del cuidado que requiere el mismo y mantenerlo a salvo de los frecuentes ataques de pesimismo y negatividad al cual estamos expuestos a diario.

Si comparamos nuestro estado de ánimo con el Sistema Inmunológico del cuerpo humano hallaremos múltiples coincidencias, tal vez más de las que imaginábamos. En muchas ocasiones la gente me pregunta cómo hago para salir airoso de distintas situaciones de las que para otras personas serían poco menos que devastadoras.

Siempre les contesto lo mismo, que ejercito el músculo del optimismo a diario; es como ir al gimnasio y entrenar frecuentemente nuestra fortaleza mental. De nada nos serviría ir solamente una vez al gimnasio, debemos hacernos de una rutina y mantener una estricta disciplina.

Muy bien, es así como funciona el gimnasio para nuestro optimismo, si nos ejercitamos nos mantendremos en forma y preparados para cuando debamos enfrentar los ataques de pesimismo y negatividad. Se trata de ir generando innumerables cantidades de células de optimismo, cuanto más preparados y entrenados estemos, más células de optimismo tendremos y al recibir descargas de pesimismo o de negatividad nuestras células de optimismo las detectarán, las combatirán y finalmente nuestro muy poderoso Sistema Inmunológico del Optimismo vencerá por sobre los embates de pensamientos improductivos y destructivos. De esta manera nos habremos convertido en seres completamente invulnerables al fracaso; en otras palabras, se trata de crear una coraza o un escudo impenetrable gracias al cual los ataques pesimistas no nos llegan, no nos hacen daño.

He visto muchas veces cómo personas que aparentan estar muy seguras de sí mismas, muy convencidas de lo que querían, incluso muy bien preparadas intelectualmente y contando con una excelente educación, pero sin embargo ante el menor revés de la vida, un simple resbalón en sus carreras y la caída es inevitable. ¿No es irónico? Es como ver a una persona con un estado muy saludable, robusta, pero que al menor resfrío la gripe los toma por completo. Sin lugar a dudas es un problema de defensas. Así como utilizamos diversas medicinas para reforzarlas, también nuestro estado anímico necesita de ciertas "medicinas" para prevenir los ataques y no esperar a que nos tomen por completo con la esperanza de curarnos, pués definitivamente nos será mucho más costoso levantarnos una vez que ya hemos caído.

Es así entonces, como se torna tan importante el trabajo previo, la "prevención". Tanto el cuerpo humano como las computadoras trabajan con una poderosa memoria que les permite identificar cuál es el virus que los está atacando para saber cuál es la mejor manera de defenderse para ese ataque específicamente.

De la misma manera vamos a identificar el problema que ataque nuestro ánimo en ese momento, una vez que lo hayamos detectado pondremos en marcha nuestro "Sistema Inmunológico", venceremos el problema y nuestra "memoria anímica" se encargará de que la próxima vez que pasemos por una situación de tristeza, pesimismo o desesperanza nuestro Sistema superentrenado y preparado tendrá una respuesta positiva y optimista, la cuál se transforma en un pensamiento positivo en nuestra mente y ese pensamiento positivo se transforma a su vez en una acción positiva. Es ahí mismo cuando logramos cortar esa cadena de negatividad y transformamos una situación adversa en una inmediata acción positiva, revirtiendo de esta forma nuestro comportamiento.

¿Creían que sería así de simple? No, nada que sea tan bueno y duradero se puede conseguir con un mínimo esfuerzo, claro que requiere muchísima concentración, esfuerzo y perseverancia. Recuerden que al éxito no se llega por casualidad, ni mucho menos por suerte o por la dicha del azar….al éxito se llega solamente per-se-ve-ran-do!

Es muy importante la forma en que interpretamos e internalizamos los problemas y obstáculos que se nos atraviesan en nuestro camino. La primer respuesta que demostremos ante la dificultad nos dará la clave de cómo nos encontramos anímicamente, si tenemos las defensas altas o somos vulnerables a aquellos embates negativos de los que ya hablamos antes.

Una vez que hayamos identificado cuál es nuestra debilidad la convertiremos en fortaleza, la clave para fortalecernos y conseguir tener una armadura poderosa que nos proteja es ocuparnos permanentemente de identificar nuestros factores más débiles. Tenemos que mantener el equilibrio entre los aspectos más fuertes y los más débiles de nuestra personalidad, de manera de poder ir emparejando hacia arriba.

Se sabe que un ejército es tan fuerte como el más débil de sus componentes, no nos sirve de nada tener un ejército poderoso si en nuestras filas existe un componente débil; un enemigo inteligente nos atacará precisamente allí donde se encuentre la debilidad, donde nos haga más daño.

Estrategicamente es más inteligente dedicarnos a fortalecer nuestros aspectos más débiles y emparejarlos para formar una estructura firme sin puntos flacos que dedicar nuestras energías a aquellos puntos probados como fortalezas en nuestra personalidad, aquellos aspectos más fuertes es necesario mantenerlos fuertes por supuesto, pero no por concentrarnos en seguir fortaleciéndolos olvidarnos del resto y bajar la guardia.

Capitulo 7

VIVIR SIN EXCUSAS

"La dificultad es una excusa que la historia nunca acepta."

John f. Kennedy.

No hacen falta muchas razones para deshacerse de las excusas, existe una que es muy pero muy poderosa.

Sencillamente, las excusas son los enemigos mas grandes y peligrosos de nuestro éxito, si nos dejamos superar por las excusas ellas acabarán con nuestro propósito de llegar a cumplir nuestras metas.

Caer en el círculo vicioso de las excusas es muy fácil, una vez que hayamos puesto una excusa, a nosotros mismos o a los demás, nos será mucho mas fácil dar otra excusa la próxima vez, así que debe concentrarse y evitar todas las excusas, por muy pequeñas que estas fueran. Tenga en cuenta que sus excusas no le sirven a nadie, mucho menos a usted.

Es muy fácil el darnos cuenta de qué tan dañinas son las excusas; pues cada vez que nos dan una la identificamos enseguida, y además de eso no las creemos.

En realidad nadie se cree una excusa, simplemente por que es sólo eso, una excusa, una forma muy ordinaria de depositar la culpa de no haber hecho lo que teníamos que hacer, cuando debíamos hacerlo, en algo o en alguien más.

Es por eso que las personas que buscan y dan excusas jamás logran nada en sus vidas, simplemente logran retrasar aquello que deberían haber hecho. A sus amigos no les servirán sus excusas y sus enemigos sencillamente no las creerán, por lo tanto evítelas, a nadie le servirá!

Cuando comenzamos a vivir sin excusas, vemos que inmediatamente comenzamos a lograr cosas que antes las dejábamos para más adelante. Pero esto no se logra de a poco, la decisión de cambiar debe ser inmediata, de un dia para el otro tenemos que sentirnos avergonzados si es que dimos al menos una excusa pequeña. No seamos contemplativos con nosotros mismos, las excusas son los mayores enemigas de nuestro éxito.

Capitulo 8

CONVIRTIENDO LAS DERROTAS EN EXITOS

"El éxito es la habilidad de ir de fracaso en fracaso sin perder el entusiasmo."

Sir Winston Churchill.

Si bien nadie quiere experimentar el sabor de una derrota, por minima que sea, no dejemos de lado esa experiencia, usemosla a nuestro favor y saquemosle redito aprendiendo de lo que no debemos repetir; si simplemente desechamos una mala experiencia olvidandola por completo y tildandola de "traumatica" intentando evitar que se produzca nuevamente en el futuro, lo unico que conseguiremos es que nuestro cerebro este indefenso en caso de que una situacion similar se presente en el futuro. Es un caso muy similar al que se produce cuando no actualizamos la información de los virus en nuestro antivirus. Si simplemente los borramos estos mismos nos pueden volver a atacar cuantas veces deseen.

Dicen que el color de las cosas depende del cristal con el que lo veamos, del mismo modo podríamos decir que también el éxito o el fracaso va a depender de las gafas que usemos para internalizarlas, claro que esas gafas no las podemos comprar en una tienda, esas gafas son algo por lo que tenemos que trabajar muy duro.

En principio no se trata ni de engañarnos, ni tampoco se trata de desvirtuar la realidad, sino de tomarnos los problemas de una manera menos dramática y analizarla por partes; veremos qué aspectos de ese revés podemos rescatar, sacar siempre la mayor cantidad de aspectos positivos que nos sirvan para edificar nuestro próximo éxito.

Acaso cuando construimos una casa, si no nos ha gustado la terminación la tiramos abajo y nos quedamos lamentando el hecho de que no hayamos podido construir la casa ideal? No, para nada, simplemente dejamos en pie la estructura, lo que sí está bien hecho con cimientos fuertes, y cambiamos la parte que no nos gustó.

De esta forma no daremos lugar al abatimiento y la frustración de no haber conseguido que lo que intentábamos pudiera salir perfecto.

Con esto llegamos a la conclusión de que la raíz de todos los males que azotan al ser humano es la búsqueda de la perfección. Gravísimo error ya que ni siquiera sabemos qué es la perfección, y si ni siquiera sabemos lo que buscamos nunca la vamos a reconocer aunque esté frente a nuestras narices.

Lo peor de todo es que el perfeccionismo nos hace muchísimo daño mientras nosotros creemos que nos está ayudando a conseguir el éxito, pero nada más alejado de eso; muchas veces nos dejamos tomar como presa del perfeccionismo alentados por un falso orgullo y un ego muy perjudicial para nuestros intereses. Nada más peligroso que eso, ya que es un enemigo que se disfraza de amigo para que bajemos la guardia y lo dejemos entrar en nuestras vidas sin oponerle ningun tipo de resistencia.

Al tiempo que nos estamos esforzando por alcanzar el éxito y realizamos muchos sacrificios y esfuerzos por triunfar, tenemos a un enemigo muy poderoso dentro de nuestra mente, en nuestros propios pensamientos. Con lo cual es muy peligroso para nuestros intereses ya que estaría boicoteando nuestros más intensos esfuerzos por llegar al éxito.

Entonces, el perfeccionismo es lo primero que debemos evitar para dar el primer paso hacia el éxito. El perfeccionismo nos paraliza y no nos deja triunfar ya que nos dice que lo que estamos haciendo nunca es demasiado bueno para llevarlo a cabo, y ya dijimos antes que el paso más importante para nosotros es ponernos en acción, si confiamos en nosotros mismos y somos decididos, el mismo ejercicio de ponerlo en práctica nos llevará a "perfeccionarnos" un poco más cada vez. Ese paso se irá dando de una manera natural a la vez que aprendemos de nuestros errores.

He conocido a lo largo de los años mucha gente con ideas y emprendimientos magníficos, pero que dado a la falta de confianza en sí mismos y en lo que hacen se quedan dando vueltas en un círculo vicioso de la búsqueda de la perfección, de la cuál no salen más y eso las lleva irremediablemente a la frustración y al fracaso, con el posterior abandono de sus proyectos y con la total convicción de que no sirven para eso que estaban haciendo, o más aún perdiendo toda esperanza de triunfar en algo en sus vidas.

¿Ya ven qué rápido se puede frustrar a una persona? Aún siendo una persona muy emprendedora e inteligente.

El perfeccionismo es muy poderoso, puede destruir la carrera de cualquiera y, al ser tan poderoso nos demanda mucha energía y agota nuestros recursos.

Aún siendo muy talentosa una persona si se deja pisotear por este vicio sentirá que nunca está lo suficientemente preparada para hacer cualquier cosa, pensará que si se entrena un poco más tendrá mejores resultados, y terminará relegando lo que tiene que hacer para hacerlo en otro momento, cuando se esté mejor preparado, pero el problema está en saber que no es tan importante hacer algo esperando que la gente lo vea como "perfecto" si el precio que debemos pagar por eso viene a ser la cantidad de veces que tendremos que postergar el éxito en pos de aquella sensación de perfección.

A modo de conclusión deberemos pensar si con todas estas evidencias no es el perfeccionismo el mejor aliado del miedo, de la falta de decisión, de la falta de convicción.

En resumidas cuentas el perfeccionismo es la excusa perfecta de los perdedores, porque les da la justificación exacta para explicar y convencerse a si mismos de por qué no han triunfado en la vida. ¿No suena magnífico? Ya tienen algo en lo que depositar sus culpas.

Ahora pueden lavar sus conciencias convenciéndoce a sí mismos de que no han triunfado a causa de que siempre intentan hacerlo lo mejor posible, de que no se permitirían hacer algo considerado, por ellos mismos, como mediocre. Antes que eso prefieren fracasar, pero fracasar sabiendo que intentaron hacer algo perfecto, por tanto ese falso orgullo por la perfección es lo primero que debemos eliminar de nuestras vidas si lo que de verdad queremos es triunfar.

Despues de todo, los grandes triunfadores en la vida no son perfectos, para nada. Los grandes campeones, a veces, ni siquiera son mucho mejores que el resto, pero si tienen más perseverancia, más confianza en sí mismos.

Tenemos una gran cantidad de estos casos, por ejemplo, en los deportes no siempre el que gana es que tiene más ventaja en sus condiciones genéticas, tiene que ver con su fortaleza mental, su predisposición al éxito.

Un gran y exitoso escritor no será aquel que escriba libros perfectamente bien redactados, en muchos casos, pero le pone tanta pasión y convicción a lo que hace que lo transmite a quienes leen sus libros que llega a convertirse en un best seller.

Otro ejemplo que quiero que tengan presente es el del Jugador del Barcelona, Leonel Messi, considerado el mejor jugador de futbol del mundo, a quien le pagan millones de Euros al año por la "sencilla" razón de que hace en promedio 2 goles en cada partido, un numero realmente impresionante! Ahora, si pensamos que por partido patea diez veces al arco, estariamos hablando de que le pagan millones de Euros por errar 8 goles por partido! No es increíble?

Capitulo 9

CONTROLA TU MENTE Y CONTROLARAS TU DESTINO.

"Quién vence a los demás es fuerte, quien se vence a sí mismo es poderoso."

Lao tsé.

Para ser un triunfador en la vida tienes que dejar de lado los miedos, los condicionamientos, las conductas mal aprendidas y las que nos han enseñado mal, no podemos arrastrar durante toda nuestra vida los condicionamientos que nos hacen ser o sentirnos perdedores.

El primer paso será entrenar nuestra mente para convertirla en una mente exitosa, recuerden que vamos a hacer todo lo que nuestros pensamientos nos dicten, lograremos llegar hasta donde nuestra mente nos permita, solo nuestra mente nos dictará cuáles son los límites a los que podremos alcanzar.

Existen muchísimos límites impuestos, ya sea, por la sociedad, por nuestras familias, por nuestra crianza, pero los verdaderos límites nos lo dirá el poder de nuestro pensamiento.

Si nuestros límites mentales están puestos muy bajos, es ahí donde llegaremos, pero si cuando miramos hacia arriba no vemos límites sobre nuestras cabezas el único límite será el mismo cielo, ya que nada nos detendrá en el camino de conseguir nuestras metas.

Hay muchos ejemplos de hombres y mujeres que si durante su niñez alguien les hubiera contado hasta donde llegarían unos cuantos años después no lo hubieran creído, o incluso en ese momento les hubiera parecido algo "imposible" de lograr, pero ya ven, lo imposible se transformó en posible, así que porqué pensar de antemano que algo no podemos lograrlo cuando ni siquiera lo hemos intentado?

Recuerden que la única diferencia entre algo visto o interpretado como "imposible" a los ojos de la mayoría, y algo a lo cuál muchos llaman de "posible", es simplemente cuánto tiempo tarda en concretarse.

El hecho de que alguna cosa no haya sido lograda antes por nadie no significa que ese algo sea imposible, siempre llegará el momento en que alguien lo logre, ya sea porque esa persona no se impone límites o porque aunque conozca sus propios límites aquella persona se atreve a intentarlo de todos modos.

En numerosas oportunidades me gusta "engañar" a mi propia mente, cuando comencé a correr todas las mañanas noté que me costaba superar el par de kilómetros, aún así cada mañana me decía a mi mismo que iría a correr tres kilómetros, aún a sabiendas de que me costaría. Más adelante, cuando ya superaba facilmente los tres kilometros me decía a mi mismo que iría a correr seis kilómetros, aunque supiera que me costaría o que incluso no llegaría en los primeros intentos.

Hoy en día salgo a correr cada mañana mis ocho kilómetros, pero en mi mente está la meta de 10 kilómetros, si yo pensara en correr ocho kilómetros no tengan dudas de que poco despues de superar los siete kilometros mi mente le estaria enviando a mis musculos el mensaje de que abandonen porque estan cerca del límite que yo les impuse.

De esta forma simple podemos "engañar" a nuestra mente para obtener los resultados que esperamos, pero en realidad la programamos de una forma diferente para que nos ayude a llegar y lograr una meta aún superior sin darnos por vencidos antes de cumplirla.

Es asombroso descubrir las maravillosas posibilidades y potencialidades que tenemos y somos capaces de desarrollar con un buen entrenamiento mental.

Dos personas criadas en un contexto similar e incluso con un coeficiente intelectual parecido pueden desarrollar un porvenir totalmente diferente, todo depende de cuán preparado estemos y dispuestos a abrir nuestra mente a los pensamientos positivos y generadores de éxito.

Volviendo a las cosas que nos parecen imposible, o que incluso muchas veces la gente piensa que son totalmente imposibles, bueno dejenme decirles que no hay nada más equivocado que eso. Es muy grato descubrir que la imposibilidad es un concepto muy relativo, es decir que lo que hoy nos puede parecer imposible en un tiempo futuro comenzará a convertirse en posible.

Para desarrollar aún más este concepto podemos graficar con unos ejemplos; no tengo dudas de que cuando Leonardo Da Vinci diseño el primer submarino o el primer helicóptero, hace más de 500 años, para muchos habrá parecido una locura o pura ciencia ficción, pero sobre todas las cosas algo IMPOSIBLE de realizar.

Pensar en realizar cosas que parecen imposibles para la mayoría de la gente es un ejercicio muy excitante, para el cual se debe tener un carácter muy especial, ya que la gente los puede ver como unos soñadores o locos, sin

embargo; si no nos importa y vamos directamente al objetivo al que nos

queremos acercar entonces los límites que el resto de la gente ve y no los deja

desarrollarse, no serán un obstáculo para nosotros.-

Capitulo 10

POTENCIAR NUESTRAS HABILIDADES

"Lo que puedas hacer o soñar, ponte a hacerlo. La osadía está llena de genialidad, poder y magia".

Johann Wolfgang Von Goethe.

Hace muchos años que sabemos acerca de que podemos llegar a desarrollar nuestro potencial al 100 %.

Es sólo una cuestión de proponernos, pero cuando hablamos de nuestras potencialidades, no me refiero solamente a convertirnos en más "inteligentes", en recordar mayor cantidad de cosas, o cosas por el estilo, se trata de desarrollar nuestras potencialidades integralmente. Es decir, habilidades sociales, interpersonales, emocionales, etc.

Si nos quedamos simplemente con lo que nos resulta cómodo, nunca saldremos adelante, pero a medida que entrenamos esas habilidades y potencialidades seremos cada vez más aptos para enfrentar diversas situaciones en las que podemos quedar muy bien parados y dar la mejor impresión.

Podemos acrecentar permanentemente nuestro poder carismático si hacemos sentir bien a los demás. No perderemos nada, muy por el contrario, ganaremos respeto, admiración y poder magnético ya que las personas a quienes hacemos cumplidos sinceros se sentirán que quieren pasar la mayor parte del tiempo con nosotros. Pero esos cumplidos hay que hacerlos realmente con el corazón, sino se notará que tienen otra intencionalidad y muy por el contrario alejarán a la gente de nuestro lado.

Un buen cumplido sincero junto a una sonrisa cordial le granjeará más beneficios de los que usted crea, tanto de los inmediatos, como los de largo plazo. La gente jamás olvida ese tipo de gestos.

Es bueno tener en cuenta saber cuando sacar a relucir su ego, pero mucho más importante y beneficioso es saber cuando guardar y ocultar muy bien su ego.

Tengamos en cuenta que lo importante no es lo que demostramos y creamos que somos, lo realmente importante es lo que los demás están interpretando de nosotros.

Muchas veces tenemos una idea errónea acerca de la imagen que estamos proyectando de nosotros mismos hacia los demás, podemos creer que causamos una muy buena impresión en todas las personas con las cuales nos relacionamos. En ese caso específico tenemos que tener muchísimo cuidado con lo que yo llamo, "opiniones cautivas", me refiero a las opiniones de amigos o familiares, incluso de empleados, que por una cuestión de subjetividad obvia nos darán siempre una opinión favorable tan solo para quedar bien, o por cariño; es por eso que tenemos que, en primer lugar, buscar las oportunidades donde tenemos que interactuar con personas extrañas, quienes nos ven por primera vez o aquellas personas que no tienen un interés concreto en hacernos creer aquello que en realidad no somos, por lo cual se transformarían en opiniones muy tóxicas a la hora de llegar a cumplir nuestras metas, cumplen la función de "sedantes" de nuestro esfuerzo ya que si nos hacen creer que somos tan buenos en algo podríamos caer en el error mortal de subestimar a los demás y bajar nuestra guardia.

Es por esto que necesitamos también rodearnos de personas que sean positivas, pero neutrales, y prestar mucha atención a sus reacciones cuando están con nosotros, prestar mucha atención si están a gusto en nuestra compañía, cuál es la reacción que nos devuelven.

No perdamos jamás la autocrítica, ya que si no nos gustan las reacciones que estamos recibiendo de los demás, no siempre es por culpa de ellos, es posible que tengamos algún aspecto en nuestra actitud que cae mal en los otros. De ser así, sepa que aún esta a tiempo de revertir su imagen, pero para lograr eso tiene que trabajar arduamente en su EGO. Si es necesario comenzar desde cero, hágalo, nunca es una perdida de tiempo el considerar mejorar el modo en que nos ven los demás, tenga en cuenta que de eso depende nuestro desempeño en cualquier ámbito de la vida. Así también eso determinará hasta donde llegará si de buscar el éxito se trata.

Capitulo 11

NEGOCIAR, NEGOCIAR Y NEGOCIAR

"La diplomacia es el arte de conseguir que los demás hagan con gusto lo que uno desea que hagan."

Dale Carnegie.

Habrán escuchado varias veces que en la vida no obtenemos lo que merecemos, sino lo que negociamos.

Saber negociar en la vida es imprescindible para conseguir y lograr lo que nos proponemos, sin esperar a que a "alguien" se le ocurra otorgarnos lo que él o ella crea que nos merecemos obtener.

En principio para poder negociar con éxito desde la posición que nos encontremos debemos ser totalmente conscientes y sinceros con respecto a lo que podemos dar o a las habilidades que tengamos.

Saber negociar no implica que vayamos a exagerar nuestras competencias o habilidades, eso sería ridículo ya que no tardaría mucho tiempo en saltar a la vista el valor que poseemos en realidad.

Poder negociar exitosamente implica saber qué parte de nuestro saber o conocimientos son deseados en ese momento, es decir, identificar nuestras verdaderas fortalezas y demostrar al otro, con quien estamos negociando, las ventajas de contar con lo que yo tenga, sea lo que sea que estemos negociando en ese momento.

Jamás situarnos en nuestras necesidades, nuestros deseos, a la otra parte no le interesa demasiado lo que nosotros queremos, lo que verdaderamente tiene que interesarte es como persuadir al otro, de que tus competencias son necesarias para que se logre un objetivo mayor que lo terminará beneficiando.

Cuando hablamos de negociar, o del arte de la negociación, no nos referimos exclusivamente a realizar negocios comerciales. Eso puede ser solo un ejemplo de todas las situaciones en que nos encontramos negociando cada dia de nuestras vidas.

Los ejemplos son innumerables; se puede negociar un ascenso en el trabajo, un cambio de turno en el empleo, y desde ya, que las negociaciones más duras son las que se dan en la familia. Desde el momento de decidir donde pasaremos la Navidad, que haremos el fin de semana, si ir de pesca con amigos o ir de compras con su esposa.

Parece ser que nos tenemos que multiplicar para poder congraciarnos con todos, pero eso sí es físicamente imposible, somos sólo una persona y nuestro tiempo es limitado, por tanto no nos queda otra salida que negociar y persuadir.

Porque sumamos a la persuación en la negociación? Muy sencillo, porque cuando logramos persuadir de que la decisión tomada es muy conveniente, sobre todo para la otra parte podemos conseguir una posición ventajosa para ambos, pero además dejarlos con el agradable sabor de que fueron ellos los que se llevaron la mejor parte de la negociación, nos evitaremos el disgusto de que aunque hayamos logrado imponer nuestra posición nos hayamos ganado un enemigo, creándole una frustración muy grande al haber tenido que ceder solamente a nuestras demandas. De esa forma para la próxima negociación que tengamos con ellos los tendremos enfrente con la guardia totalmente en alto y muy atentos a no ceder en ningún punto, pasando del terreno de la negociación al de la confrontación, terreno para nada recomendable en ninguno de los casos.

La fórmula que debemos respetar siempre en toda negociación, para poder salir airosos de la misma, es perfectamente aplicable para todos los casos: Así sean estas en relaciones en las cuales podemos traer cierta ventaja de antemano, desventaja o igualdad.

Existen variables que debemos tener en cuenta, ya que la ventaja, igualdad o desventaja, se puede dar según de quien se trate la persona con la que estamos negociando, o bien la circunstancia en la que la realizamos.

Ejemplo de esto es que podemos estar en una situación de negociación y caer en el error de pensar que corremos con una cierta ventaja relativa ya que se trata de un empleado, pero las circunstancias hacen que nos veamos en una situación desventajosa tratándose de que hace mucho tiempo que no le aumentan el sueldo y realmente se lo merece.

Otra situación similar se puede dar al pensar que estamos en una situación de igualdad ya que estamos negociando con nuestra esposa en qué lugar pasar la navidad y creemos que va a ser fácil tratándose de una relación entre pares, no subestimemos ninguna situación para no perder el punto donde nos encontramos parados, de ser así se perderá, con toda seguridad la negociación.

Para seguir adelante con este tema de la negociación, debemos tener en cuenta que se trata de una cuestión absolutamente subjetiva, como decíamos antes, objetivamente podemos quedarnos con la certeza de que nos salimos con la "nuestra", y que impusimos nuestra idea; pero sin embargo, la otra persona tuvo que ceder tanto que se queda con la sensación de que nos terminó haciendo un favor, y que para colmo debemos devolver ese favor en algún momento.

Es por todo esto es que personalmente adhiero, y la recomiendo enfáticamente, la filosofía de GANAR-GANAR; en la que, como dice la palabra, todos ganamos algo, nadie sale perdedor, de esa forma ambas partes salen conformes con la negociación y felices de saber que en ambos casos tuvieron que ceder algo pero con la convicción de que les sirvió para cosechar la ganancia mínima esperada.

Tenga la certeza de que si usted sale con una posición ganadora absoluta y la otra parte con la sensación de haber sido humillada, muy por el contrario, esa ganancia alta inmediata, le generará un enemigo, y no un posible socio el cuál podría invertir en usted y sus talentos. Es así que si usted quiere ser un ganador y volverse financieramente independiente, debe saber que no lo logrará solo, será todo un proceso a través del cual tendrá que pasar y en el camino ayudar a los demás a hacerse rico también.

Capitulo 12

NO ANSIEMOS VIVIR EL FUTURO

"Los hombres y pueblos en decadencia viven acordándose de dónde vienen; los hombres geniales y pueblos fuertes sólo necesitan saber a dónde van."

José Ingenieros.

Los traumas más grandes aparecen en nosotros cuando queremos vivir el futuro, o nos concentramos demasiado en cómo será y actuamos como si solamente tuviéramos un FUTURO y no un PRESENTE.

Vivir anclados en planear como será nuestro futuro es tan malo como vivir anclados en el pasado, el justo equilibrio se dará cuando aprendamos a disfrutar el PRESENTE y entendamos que la única forma de asegurarnos un buen porvenir es dando todo, el 100 % de nuestro esfuerzo ahora, en este mismo momento, el aquí y ahora.

Cuesta bastante hacerlo, yo se que la mayoría de nosotros nos pre-ocupamos por innumerable cantidad de cosas, la casa, los chicos, el trabajo, estudio, etc. Pero la clave de todo esto está en dejar de PRE-ocuparnos para pasar a OCUPARNOS de las cosas y los problemas.

Cuando nos "pre"-ocupamos de un asunto, ya nos estamos adelantando a los hechos, y por lo tanto estamos sufriendo en mente y cuerpo las consecuencias de actos que pueden llegar a suceder, pero que es muy probable que ni siquiera sucedan. Es decir, que la mayoría del stress y los dramas que hoy estamos sufriendo y que nos quitan el sueño, simplemente no deberían estar allí. Lo único que conseguimos con adelantarnos a los hechos y pre-ocuparnos es conseguir que no nos ocupemos de los asuntos con los que lidiamos dia a día.

Yo jamás conocí a una persona que resuelva sus asuntos pre-ocupándose, es por eso que no me gusta llamarlos "problemas", sino simplemente asuntos. Cuando no te ocupas de los asuntos cotidianos y los dejas estancados o creciendo, recién ahí se transforman el "problemas". Sin embargo, cuando a un asunto lo reconocemos y lo atacamos de entrada, en un primer momento, el asunto queda resuelto y definitivamente nunca tuvimos un problema.

Aclaro que no se trata de negar la realidad, no se trata de esconder las dificultades o potenciales problemas, pero es que cuando lidiamos con un asunto que acaba de surgir son mayores las chances de que no nos queden pendientes, y si aun así nos queda algo, definitivamente será algo menor que no representará ningún obstáculo en nuestro buen descanso.

El stress, los dolores de cabeza y el agobio llegan cuando no nos estamos ocupando de los asuntos pendientes y los dejamos crecer en nuestro interior, se llena tanto nuestro interior de asuntos pendientes, que, al igual que una valija llena deja escapar su contenido y se hace visible su interior. Y, si ese interior está lo suficientemente desordenado, les aseguro que se notará, tal como se nota una camisa mal planchada y desordenada en un bolso lleno de ropa.

No sería un mal consejo comenzar a poner atención a todas esas maletas que llevamos por ahí con la ropa muy desordenada, a punto tal que se pueda ver lo revoltosa que está nuestra cuestión ahí dentro. Luego que ya está un poco más ordenada si, en ese caso ya la podemos ir soltando para no cargar con tantas maletas que nos hagan más pesado nuestro transcurrir.

Capitulo 13

NO DEJEMOS DE APRENDER JAMAS.

"No basta saber, se debe también aplicar. No es suficiente querer, se debe también hacer."

Johann Wolfgang Von Goethe.

El título de este capítulo no es por casualidad, ya lo contaba al principio del libro, el nacimiento de mi hijo me ha cambiado totalmente. Es por eso que mi mayor maestro en la vida, es justamente él, él me está enseñando a vivir cada día sin pensar o anclarme ni en el pasado ni tratar de vivir adelantándome al futuro, es por eso que mi vida a su lado es de dicha y felicidad completa.

Ese es el poder que tienen los chicos, con una mirada basta para convencerte de lo que quieren.

Y porqué tienen ese poder de persuasión? Porque todo lo que hacen lo hacen con pasión, demuestran pasión todo el tiempo, se muestran apasionados por cada cosa que sucede en sus vidas, todo lo hacen jugando, es por eso que aprenden todo con más naturalidad y más fácilmente.

Si tan sólo fuéramos capaces de actuar como niños seguramente podríamos disfrutar del presente como si no existiera nada más.

Ellos viven en un estado de predisposición constante al descubrimiento, además de la diversión. Es por eso que jamás sufren de stress, ni preocupaciones.

Emulemos entonces, al menos en parte, su comportamiento y llevaremos una vida repleta de emociones y buena vibración que sanará nuestra alma de todas las heridas que pudimos haber sufrido emocionalmente en nuestra vida de adultos.

Incluso nuestra relación con otras personas cambiará de esta forma, ya que dejaremos de lado muchísimos prejuicios que tanto mal nos hace. Los prejuicios son unos muy malos hábitos adquiridos durante nuestra crianza, son impuestos a los niños por los mayores, no es algo natural en ellos el hecho de prejuzgar, lo hacen los adultos para intentar hacer más fácil sus vidas.

Prejuzgar es encasillar, catalogar a la gente de acuerdo a sus características, para evitarnos la supuesta molestia de tener que conocer realmente a una persona, es por eso que si la encasillamos en cierto estereotipo, juzgándola por adelantado perdiéndonos la excelente oportunidad de comprobar a través de la experiencia si esa persona es realmente buena o no.

Un gran error que comete la gente es basarse en los comentarios o las experiencias de otros, pero caeríamos en algo extremadamente grave, ya que los comentarios de otras personas estarán colmados de su subjetividad, sus meras opiniones acerca de la experiencia que los demás tuvieron con esa persona. Por supuesto que con esto no quiero decir que no escuchemos los comentarios y opiniones de gente muy cercana a nosotros y a los cuales respetamos, pero sin embargo siempre es mucho más saludable quitarnos la duda mediante nuestra propia experiencia, y, recién luego podemos juzgar a una persona por haberla conocido. Es así que las opiniones que nos formemos luego tendrán suficientes fundamentos de certeza.

Volviendo al tema de tener una actitud similar a la que tienen los niños, a lo que me estoy refiriendo es a que a los niños no les interesa lo que piensan los demás, incluso siquiera sus propios padres, los niños cuando están interesados en algo y lo quieren, nada los detiene hasta conseguirlo, podemos decirles que NO, que no toquen tal o cual cosa, pero ellos quieren precisamente ir y tocar eso que queríamos prohibirle. Simplemente nos ignoran, hacen como si no nos escucharan.

Es esa la forma en que debemos reaccionar ante las críticas interesadas y ante las reacciones de la gente negativa, hacer directamente como si no las escucháramos, ignorarlas, de todos modos, ni siquiera tenemos que quedar bien con ellos, de hecho, si se te alejan, mucho mejor para uno, te habrás quitado de encima de una forma muy barata a gente bastante tóxica.

PALABRAS FINALES

No es una casualidad de mi parte, comenzar y finalizar este libro hablando de la conducta, nueva para mi como padre, comenzar una senda de des-aprender todos los conceptos adquiridos durante tantos años y siguiendo un paradigma que ahora nos damos cuenta que ya quedó obsoleto.

Yo me pregunto porqué los adultos vivimos cada vez más una vida llena de presiones, de stress, de miles de complicaciones que hacen que nuestra calidad de vida disminuyan, incluso, aún cuando por determinadas circunstancias tengamos la posibilidad de vivir una mayor cantidad de años, eso no siempre se traduce en una mejor forma de vida. Muchos de nosotros conocemos personas que ya deberían de disfrutar de una vida tranquila, disfrutar de sus últimos años de su vida junto a su familia, sus nietos, dedicándose a viajar y conocer lugares del mundo paradisíacos, pero sin embargo ya no es así. Cada vez más la gente grande debe de esforzarse, viviendo llenos de preocupaciones hasta sus últimos días de vida.

Es por esto precisamente que debemos ser conscientes de sacar de nuestra mente, independientemente de la edad que tengamos, todos los residuos que por diversas experiencias de vida hemos ido internalizando y que a la postre nos van enfermando y son las culpables nuestros pensamientos negativos, y, si tenemos pensamientos negativos, tomaremos decisiones negativas, convirtiéndose en un círculo vicioso que nos lleva de fracaso en fracaso.

Debido a todo esto, el mejor mensaje que les puedo dejar, si es que se me permite, es que vivamos cada dia de nuestras vidas como si fuéramos niños, con esto les quiero decir que tenemos tantas cosas que aprender de los niños, ellos no tienen consigo preconceptos, no tienen prejuicios, no actúan de una forma tan manipuladora como los adultos lo hacemos, ni tampoco de una manera rencorosa, tienen una mayor capacidad de perdonar y de dejar pasar las cosas negativas para disfrutar solamente de la cosas divertidas y positivas, concentrándose solo en eso y de esa forma vivir de una forma mucho más felices.

Reir más, ser agradecidos y disfrutar del presente con la absoluta convicción de que el pasado, sea como sea que este haya sido con nosotros, ya paso y nos dejo enseñanzas, y; el futuro, aún no lo conocemos, así que lo único que tenemos y que conocemos es el presente. Cuando entendamos ese concepto, de que no existe futuro dejaremos de estar constantemente preocupados por lo que este nos depara, y que entendamos que lo que llamamos futuro es simplemente el presente que se nos va presentando dia a dia, y que si lo tomamos con la filosofía de vivirlo con optimismo, al fin y al cabo, al paso de los años nos daremos cuenta de que lo que hemos vivido ha valido la pena, porque lo vivimos convencidos de que fuimos creados como seres que merecemos, la felicidad en su sentido más integral, es decir, la libertad en todos sus aspectos, la salud y tiempo para disfrutar de todas las cosas buenas que la vida nos tiene preparadas, sólo depende de nosotros ir descubriendo el camino a la felicidad.